Let's rock

ELVIS 1954

La fille : Hey Johnny, contre quoi tu te rebelles, au juste ?

Johnny : ... ta connerie

THE WILD ONE (L'ÉQUIPÉE SAUVAGE)
MARLON BRANDO 1954

EN FONCTION À LA JONCTION HOLLAND-LONG

A Wop Bop Loo A bop A Lop BAM BOOM

L'EXPLOSIF LITTLE RICHARD 1955

BÉBÉ, TU PEUX PRENDRE LE VOLANT **BEATLES**

I AM THE WALRUS

JOHN LENNON 1967

COGNE LE MÔME AVEC UNE BATTE DE BASE-BALL

THE RAMONES

GABBA GABBA HEY

(WE ACCEPT YOU)

JOEY, JOHNNY, DEE DEE, TOMMY 1977

PAPA EN A SOUS LE CAPOT JAMES BROWN

FONCE ! CHARGE ! ATTAQUE ! SI TU RALENTIS, ILS VONT TE RENTRER DANS LE CUL...

SYD NATHAN PATRON DE KING RECORDS À JAMES BROWN DÉBUTANT

Politiquement
plus consterné que concerné

SERGE GAINSBOURG 1979

Poète... ? Vos papiers !

LÉO FERRÉ 1970

DE NOS JOURS TOUT LE MONDE EST DANS
LE SHOW-BUSINESS THE KINKS

Si ce n'est pas

MASSIF

ça n'a aucun intérêt

PRÉSIDENT DE MAISON DE DISQUES
FIN DU XXE SIÈCLE

Il faudrait arrêter de confondre ce qui vend et ce qui est bien

BOB DYLAN 2006

RAW POWER IGGY STOOGE

C'est ceux qui aiment qui ont raison

PHILIPPE PARINGAUX ROCK & FOLK 1976

Seuls les trucs bien restent car seuls les trucs bien soutiennent le test du temps

NICK KENT 2006

VOUS FAITES VOTRE TRUC ET TOUT DE SUITE ILS VOUS JETTENT EN PRISON ACCROCHEZ-VOUS 30 ANS ET LES MÊMES VOUS DONNENT UNE MÉDAILLE POUR AVOIR PERSÉVÉRÉ

MICK JAGGER 2006

LE JOUR DE MA NAISSANCE UN SCARABÉE EST MORT LONG CHRIS

Notre métier est une pyramide, oui, il est seulement recommandé d'être au sommet, sinon quel intérêt ?

EDDIE BARCLAY 1990

CE TRAIN DOIT QUITTER LA GARE...

FRANK DILEO MANAGER
EXPLIQUANT À MICHAEL JACKSON QU'IL FAUT ARRÊTER DE REMIXER «BAD» ET SORTIR LE DISQUE 1987

ROCK'N'ROLL TA CHEMISE ÇOLLE
QUAND TU PÈTES ELLE SE DÉCOLLE
DANIEL CEPPI

Quand les temps se font durs les durs se font pros

HUNTER S. THOMPSON 1972

JE DORMIRAI QUAND JE SERAI MORT

WARREN ZEVON (1947-2003)

MYSTIC EYES THEM

Tout autre que moi lui aurait cassé les deux bras

LOU REED BERLIN 1972

LES GONZESSES C'EST PAS UNE SCIENCE EXACTE

JOEYSTARR PARIS 2006

IL M'A GIFLÉE ET ÇA AVAIT LE GOÛT D'UN BAISER
THE SHANGRI-LAS

Notre programme, c'est rock and roll défonce et niquer dans la rue

MC5 WHITE PANTHER PARTY 1968

Mesdames, c'est un monde d'hommes…

JAMES BROWN 1965

ROCKERS FRANÇAIS, ARRÊTEZ DE TAPER VOS GONZESSES, ARRÊTEZ

KIM FOWLEY 2005

LET THERE BE ROCK AC/DC

Qu'importe
ce qui t'aide
à passer la nuit
du moment que
tu passes la NUIT

JOHN LENNON 1974

CLAPTON
IS GOD

GRAFFITI LONDRES 1966

Tu as les bras trop courts
pour boxer avec Dieu

AL GREEN 1977

REGARDEZ-MOI, JE TOURNE CASAQUE
PLUS UN ŒIL SEC DANS LA BARAQUE
HANK WILLIAMS

C'était pas Mick Jagger

RITUEL ADAGE DES GROUPIES DE SAN FRANCISCO
1969

Who the fuck is Mick Jagger?

TEE-SHIRT PORTÉ PAR KEITH RICHARDS
ROLLING STONES TOUR 1978

Ni remords Ni regrets

KEITH LE RIFF FOREVER

THE LATE, GREAT JOHNNY ACE

IF YOU CAN'T TAKE A JOKE, FUCK YOU

DICTON BIKER
SI LA BLAGUE TE FAIT PAS RIRE, VA TE FAIRE FOUTRE

On n'est pas là pour se faire engueuler

BORIS VIAN 1954
(AVEC ACCOMPAGNEMENT INSTRUMENTAL)

Je mène la vie que j'aime j'aime la vie que je mène

MUDDY WATERS 1958

I NEED A FIX... SID VICIOUS

LA SEULE CONNERIE
QUE JE N'AIE JAMAIS FAITE
AVEC LES DROGUES
C'EST DE PASSER
UNE FRONTIÈRE AVEC

HUNTER S. THOMPSON 1987

L'HÉROÏNE VOUS TRANSFORMERA EN MENTEUR ET EN VOLEUR

LEMMY MOTÖRHEAD 1999

Cocaïne ?
Non merci, j'ai arrêté de me fricasser le cerveau

TATOUEUSE RUE SAINT-DENIS

UN ÉLÉPHANT ME REGARDE **ANTOINE**

La cocaïne sera la malédiction
de l'homme blanc

VIEUX PROVERBE INCA

**QUAND 27 NATIONS
VONT BIENTÔT AVOIR
LA BOMBE À HYDROGÈNE
ÇA N'A PLUS GRAND
SENS DE SE SOUCIER
DE SA SANTÉ**

CHARLES BUKOWSKI 1975

Je fume pour oublier que tu bois

BASHUNG-BERGMAN 1979

JE BOIS RÉGULIÈREMENT
ÇA ME CALME RAREMENT

TRICKY KARMACOMA 1994

WE CAN BE HEROES, JUST FOR ONE DAY
DAVID BOWIE

DO IT

JERRY RUBIN 1968

DO IT YOURSELF

MALCOLM MCLAREN 1977

La compétition fait les champions

PHILIPPE MANŒUVRE ????

LES ENFANTS DE DÉCEMBRE ROLLING STONES

Ne jamais refuser un autographe. On me demande, je signe. OK, un de ces jours, je vais me prendre une balle dans le buffet !

SERGE GAINSBOURG **RUE DE VERNEUIL** **1979**

JE CASSE MES GUITARES PARCE QUE JE LES AIME

PETE TOWNSHEND **1966**

SEXIE SADIE, WHAT HAVE YOU DONE? BEATLES

NE JAMAIS FAIRE CONFIANCE À UN HIPPIE

JOHNNY ROTTEN 1977

Ne jamais jouer aux dés avec James Brown

VIEUX DICTON ROCK CRITIC

Ne jamais argumenter avec Lou Reed

VIEUX DICTON ROCK CRITIC
(BIS)

SYMPATHY FOR THE DEVIL ROLLING STONES

Vous savez… le piratage…
Il faut bien comprendre que
les gens qui débutent seraient prêts
à PAYER pour qu'on écoute
leur musique !

MICK JAGGER 2001

**MUSIC IS
YOUR GREATEST
ENTERTAINMENT VALUE**

POCHETTE DE DISQUE ANNÉES 1970

**Continue à jouer,
on est payés !**

VIEUX DICTON REQUIN

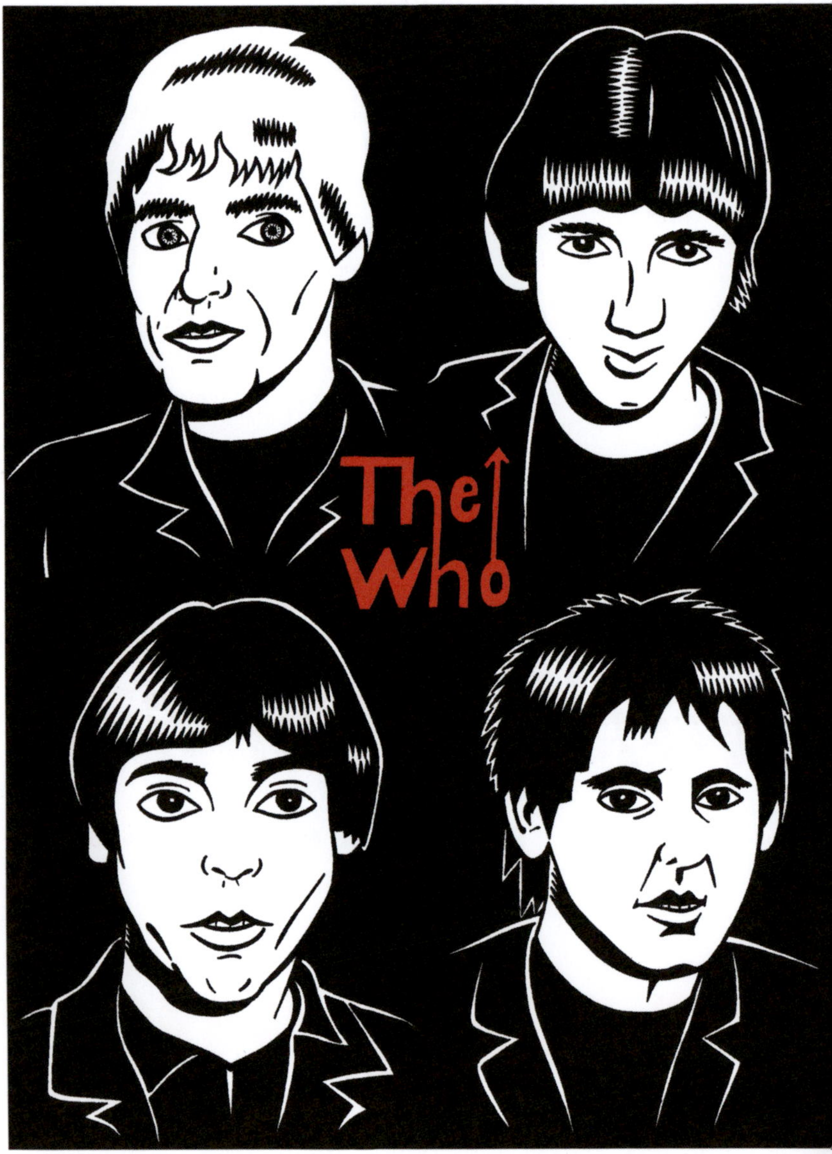

JE TE PARLE DE MA GÉNÉRATION THE WHO

LE ROCK RESTERA, CAR LE ROCK EST UNE FORME MUSICALE, PAS UNE PERSONNE DE CHAIR ET DE SANG NON, LE ROCK NE PEUT PAS MOURIR (NI LA POLKA NON PLUS)

NICK KENT 2006

... et je ne me sens pas très bien moi-même...

TRAFFIC 1968

On ne nous aura plus

THE WHO 1971

KICK OUT THE JAMS, MOTHERFUCKERS **MC5**

SI C'EST TROP FORT VOUS ÊTES TROP VIEUX

TED NUGENT 1976

D'une certaine façon c'est la Messe

MICK JAGGER 2006

LES MORTS RACONTENT PAS DE CONNERIES
MOTÖRHEAD

TOUT plus FORT que TOUT le monde

MOTÖRHEAD TEE-SHIRT

J'ai descendu assez de bourbon pour renflouer un porte-avions

LYNYRD SKYNYRD 1976

Et c'est ça qui fait la différence entre les hommes et les petits garçons

KEITH RICHARDS

CŒUR DE VERRE BLONDIE

C'EST MOI LE CHANTEUR

MICHEL POLNAREFF ME RAPPELLE À L'ORDRE UN MATIN QU'IL ME SURPREND FREDONNANT « NÉ DANS UN ICE CREAM » 2002

Dans cette ville, il y a trois sexes : les hommes, les femmes et les chanteuses

LINDA RONSTADT 1975

Il est où ton chanteur, mec ?

KEITH RICHARDS S'INQUIÉTANT AUPRÈS DE SLASH DE L'ABSENCE D'AXL ROSE À UNE RÉPÉTITION STONES/GUNS 1989

LE VENT PLEURE, MARIE **HENDRIX**

IL N'Y A PAS DE BONNE PUBLICITÉ NI DE MAUVAISE PUBLICITÉ À L'ARRIVÉE TOUT EST PUBLICITÉ

ATTACHÉ DE PRESSE ANGLAIS ANNÉES 1980

I'm gay

DAVID BOWIE À LA UNE DU «MELODY MAKER» 1972

ELVIS HAS LEFT THE BUILDING
ANNONCE RITUELLE À LA FIN
DES CONCERTS DU KING

J'AI BIEN ENTENDU QUE VOUS M'OFFREZ UN MILLION DE DOLLARS POUR UN CONCERT, J'AI BIEN COMPRIS, C'EST POUR MOI, MAIS QU'EST-CE QUE VOUS OFFREZ À ELVIS, ALORS ?

LE COLONEL PARKER RÉPOND À UNE OFFRE ALLÉCHANTE DU PRODUCTEUR ANGLAIS HARVEY GOLDSMITH 1975

Comment cela, qu'est-ce que je vais faire maintenant qu'Elvis est mort ? Je vais continuer à m'occuper de lui...

LE COLONEL PARKER AOÛT 1977

DANGER, BRANLEURS CARL & PETE

I'm gonna git on down like,
like a **sex machine!**

... Bobby?

Can I count it off?
Can I count it off **NOW??!!**

Bobby?

— *Go ahead, James...*

One,
two,
three,
four...

INTRO DE «SEX MACHINE»
JAMES BROWN ET BOBBY BYRD 1971

STRAWBERRY FIELDS FOREVER BEATLES

Excusez-moi j'embrasse le ciel

JIMI HENDRIX 1967

C'EST PLUS FACILE DE CREVER D'OVERDOSE DANS LES CHIOTTES QUE DE RÉUSSIR SA VIE

HENRY ROLLINS

Les rockers ont du cœur

UNE ASSOCIATION FRANÇAISE

PAS DE PIPE, PAS DE BACKSTAGE **FUNKADELIC**

C'EST JUSTE UN DISQUE, VOUS SAVEZ. SA SORTIE NE CHANGERA PAS GRAND-CHOSE. JE VEUX DIRE : LES OISEAUX NE VONT PAS S'ARRÊTER DE CHIER

IGGY POP PARLE À GUILLAUME DURAND DU NOUVEL ALBUM DES STOOGES 2007

I know, it's only Rock'n'Roll

ROLLING STONES 1974

QU'EST-CE QU'ON ATTEND... NTM

NOUS NOUS INTÉRESSONS AU CHAOS

JIM MORRISON PARLE DES DOORS 1967

QUAND LA MUSIQUE CHANGE LES MURS DE LA VILLE TREMBLENT

FRANK ZAPPA MOTHER OF INVENTION 1968

PURPLE HAZE, JESUS SAVES DICTON HIPPIE

SI JE NE TE REVOIS PAS DANS CE MONDE RENDEZ-VOUS DANS LE PROCHAIN

JIMI HENDRIX 1968

*Mon prochain groupe s'appellera **le groupe de l'Église dans le Ciel***

JIMI HENDRIX 1970

THE HARDER THEY COME
PLUS DURE SERA LA CHUTE

We will fall

THE STOOGES 1969

Accidents *will happen*

ELVIS COSTELLO 1978

WE BLEW IT
ON A MERDÉ

EASY RIDER 1969

RASTAMAN VIBRATION, YEAH, POSITIVE!
BOB MARLEY

Pour vivre hors la loi, il faut être honnête

BOB DYLAN 1967

Pour être honnêtes, vivons hors la loi

GUSTAVE NAAST 2007

LE VENT NOUS PORTERA **NOIR DÉSIR**

T'as
pas
besoin
de
M'sieur Météo
pour
savoir
d'où
vient
le
vent

BOB DYLAN **1965**

BREAK ON THROUGH (TO THE OTHER SIDE)
THE DOORS

SET 'EM UP JOE: ONE FOR MY BABY (AND ONE MORE FOR THE ROAD)

FRANK SINATRA 1947

PERSONNE NE SORT D'ICI VIVANT

JAMES DOUGLAS MORRISON 1967

… What a long strange trip it's been…

THE GRATEFUL DEAD 1995

REMERCIEMENTS : PERSONNE, MERCI JOHNNY ROTTEN

Philippe Manœuvre
Enfant du rock, rédacteur en chef de Rock & Folk, membre fondateur du Punk Press Club

Thierry Guitard
Rock & Folk, Libération, le New Yorker

Conception graphique : Marina Delranc
Mise en pages : Jean-Louis Massardier
Photogravure : Peggy Huynh-Quan-Suu
Fabrication : Thomas Lemaître
Coordination éditoriale : Valérie Costilhes

ISBN : 978-2-84567-426-4
Dépôt légal : novembre 2007
Imprimé en Espagne